I0217707

www.ingramcontent.com/pod-product-compliance
Lightning Source LLC
Chambersburg PA
CBHW031434040426
42444CB00006B/799

* 9 7 8 1 6 8 5 6 8 3 1 1 5 *

פרמאהנסה יוגאננדה

(1893–1952)

הקשר בין
הגורו לתלמיד

מאת
שרי מרינליני מאטה

Self-Realization Fellowship
FOUNDED 1920 BY PARAMAHANSA YOGANANDA

אודות סדרת "כיצד-לחיות": השיחות והמאמרים הבלתי-רשמיים הללו פורסמו במקור על־ידי *Self-Realization Fellowship* במגזין הרבעוני שלה, *Self-Realization*. חלקם הופיעו גם באוספים ובתקליטים שהופקו על־ידי הארגון. סדרת "כיצד-לחיות" נוצרה כמענה לבקשות מקוראים לחוברות כיס המציגות את תורתו של פרמאהנסה יוגאננדה בנושאים שונים. הסדרה מציעה הדרכה מאת שרי יוגאננדה וחלק מתלמידיו הוותיקים, נזירים ונזירות של *Self-Realization Fellowship*, שרבים מהם זכו להזדמנות לקבל את ההכוונה וההדרכה הרוחנית של מורה עולמי אהוב זה במשך תקופה של שנים רבות. כותרים חדשים מתווספים לסדרה מעת לעת.

הספר ראה אור באנגלית בהוצאה
Self-Realization Fellowship, לוס אנג'לס, קליפורניה
The Guru-Disciple Relationship

ISBN: 978-0-87612-360-7

תורגם לעברית על ידי Self-Realization Fellowship

Copyright © 2025 Self-Realization Fellowship

כל הזכויות שמורות. למעט ציטוטים קצרים בביקורות ספרים, אין לשכפל, להעתיק, לאחסן, להעביר או להציג כל חלק מהספר הקשר בין הגורו לתלמיד (*The Guru-Disciple Relationship*) בכל צורה או בכל אמצעי (אלקטרוני, מכני או אחר) הידועים כיום או שיומצאו בעתיד – כולל צילום, הקלטה, או כל מערכת לאחסון ושליפה של מידע – ללא קבלת אישור בכתב מראש מ Self-Realization Fellowship, 3880 San Rafael Avenue, Los Angeles, California 90065-3219, U.S.A.

באישור מחלקת ההוצאה לאור הבינלאומית של
Self-Realization Fellowship

שם וסמל Self-Realization Fellowship לעיל מופיעים בכל הספרים, הקלטות ושאר פרסומים של SRF, ומהווים אישור לכך שהיצירה מקורה באגודה שהקים פרמאהנסה יוגאננדה הממשיכה בלימוד תורתו בנאמנות.

הוצאה ראשונה בעברית, 2025
First edition in Hebrew, 2025
מהדורה זו, 2025
This printing, 2025

ISBN: 978-1-68568-311-5

5087-J9074

— ✧ —

ישנו כוח שיאיר את דרככם
לבריאות, לאושר, לשלום ולהצלחה,
אם אך תפנו אל האור.
-פרמאהנסה יוגאננדה

— ✧ —

הקשר בין הגורו לתלמיד

מאת שרי מרינליני מאטה

הרצאה שניתנה במהלך כנס יובל הזהב של
Self-Realization Fellowship
ב-7 ביולי, 1970, בלוס אנג'לס

אלוהים שלח אותנו לעולם כדי לשחק בדרמה אלוהית. כנבראים בצלמו של אלוהים, לחיינו מטרה אחת: ללמוד; ודרך למידה, לגדול; ודרך גדילה מתמשכת, לבטא בסופו של דבר את הטבע האמיתי שלנו ולחזור למצבנו המקורי של אחדות עם אלוהים.

כאשר אנו מתחילים את ההרפתקה הארצית שלנו כנשמות עובריות, אנו מתחילים ללמוד דרך חוויות של ניסוי וטעיה. אנו מבצעים פעולה, ואם היא מפיקה תוצאות חיוביות, אנו חוזרים עליה. אך כאשר מעשה מסוים גורם לנו לכאב, אנו מנסים להימנע ממנו.

לאחר מכן, אנו לומדים להפיק תועלת מדוגמאות של

אחרים. אנו בוחנים את ההתנהגות של המשפחה שלנו, החברים והאנשים בקהילה שלנו, ומפיקים תועלת מלבחון את הטעויות וההצלחות שלהם.

ההתנסויות שלנו מובילות אותנו כל הזמן קדימה, בחיפוש אחר הבנה עמוקה יותר של חיינו הארציים, עד שמגיע הזמן של כל אחד מאיתנו להתחיל בחיפוש כנה של האמת. אדם שתודעתו התפתחה לרמה זו, שואל את עצמו: "מה זה החיים?" "מה אני?" "מהיכן הגעתי?" והאל עונה למחפש שכזה בכך שמוביל אותו למורה או לספרים דתיים או רוחניים שממלאים את הצמא הראשוני הזה להבנה. בעת שהוא לוגם מהידע של אחרים, הבנתו מתפתחת והתפתחותו הרוחנית מאיצה. הוא מתקרב מעט יותר לאמת, או לאלוהים.

לבסוף, גם הידע הזה לא מספק. הוא מתחיל לכמוה להכרה אישית של האמת. הנשמה בתוכו מעודדת אותו לחשוב: "ודאי שהעולם הזה אינו ביתי! ודאי שאני לא רק הגוף הפיזי הזה; זה חייב להיות רק כלוב ביניים. חייב להיות משהו מעבר בחיים האלה ממה שהחושים שלי כרגע תופסים, משהו שקיים מעבר לקבר. קראתי על האמת; שמעתי על האמת. עכשיו אני צריך לדעת!"

כדי לענות על בכיו המתייסר של ילדו, האל הרחום שולח מורה מואר, אחד בעל הכרה עצמית שמכיר את עצמו כרוח - גורו אמיתי. חייו של אחד כזה הם ביטוי מתמשך של האלוהי.

הגדרתו של גורו אמיתי

סוואמי שנקרה* תיאר את הגורו כך: "אף דבר לא ישווה בשלושת העולמות לגורו אמיתי. אם אבן החכמים אכן קיימת, היא יכולה רק להפוך ברזל לזהב, לא לאבן חכמים נוספת. המורה הנערץ, לעומת זאת, יוצר שוויון בינו לבין התלמיד המסתופף לרגליו. לפיכך אין מקבילה לגורו, והוא נעלה מכל."

פרמאהנסה יוגאננדה, הגורו המייסד של -Self Realization Fellowship, אמר: "הגורו הוא האל הער המעיר את האל הישן בתלמיד. דרך אהדה וראיה נוקבת, הגורו האמיתי רואה את האל עצמו סובל בעניים בגוף, בנפש וברוח. לכן הוא מרגיש שזוהי חובתו המאושרת לעזור להם. הוא מנסה להאכיל את האל הרעב בעניים, להעיר את האל הישן בבורים, לאהוב את האל הלא-מודע באויב, ולעורר את האל החצי-ער בחסיד הכמה. במגע אהבה עדין הוא מעורר במיידית את האל הכמעט ער לחלוטין בחסיד המתקדם. הגורו, בקרב כל בני האדם, הוא המעניק הטוב ביותר. כמו האל עצמו, נדיבותו אינה יודעת גבולות."

כך תיאר פרמאהנסה יוגאננדה את ההבנה האינסופית,

---

* גדול הפילוסופים ההודיים. מארגן מסדר הסוואמי העתיק של הודו מחדש (במאה השמינית או התשיעית לספירה), סוואמי שנקרה היה שילוב נדיר של קדוש, מלומד, ואיש פעולה.

האהבה האינסופית, ההכרה הנוכחת-בכל והמחבקת-כל של הגורו. ה"צ'לות" (תלמידים) שזכו להכיר את פרמאהנסאג'י ראו את האיכויות האלו מקבלות ביטוי מלא בו.

הקשר בין הגורו לתלמיד

היקום הזה שאלוהים ברא מנוהל על פי חוק קוסמי מסודר, והקשר בין הגורו לתלמיד מושרש בחוק זה. זהו צו אלוהי שגורו אמיתי יהיה זה שיציג את אלוהים למי שמחפש אותו. כאשר חסיד משתוקק באמת להכיר את אלוהים, הגורו מגיע. רק מי שיודע את אלוהים יכול להבטיח לתלמיד: "אני אכיר לך אותו." גורו אמיתי כבר מצא את דרכו לאלוהים; לכן הוא יכול לומר ל"צ'לה": "קח את ידי. אראה לך את הדרך."

הקשר בין הגורו לתלמיד כולל בתוכו את המשמעת והעקרונות של פעולה נכונה שעל התלמיד לקיים כדי להכין את עצמו להכרת אלוהים. כאשר התלמיד, בעזרתו של הגורו, מתקן את עצמו, החוק האלוהי מתגשם, והגורו מכיר לו את אלוהים.

נאמנות לגורו ולהוראתו

העיקרון הראשון בברית בין הגורו וה"צ'לה" הוא נאמנות.

האגו, התודעה וביטוי העצמיות של ה"אני" הקטן, הוא

הדבר שמרחיק אותנו מאלוהים. גרש את האגו, ובאותו רגע תכיר בכך שאתה עכשיו, שתמיד היית, ושתמיד תהיה אחד עם אלוהים. האגו הוא ענן אשליה שמקיף את הנשמה, מסתיר ומעמעם את הכרתה הטהורה באינספור תפיסות מוטעות על טבעו של האדם והעולם. אחת ההשפעות של אשליית האגו היא הפכפכות. כאשר מחפש האמת מתחיל לגלם את האיכויות האלוהיות של נשמתו, הוא מגרש את נטיות הטבע האנושי שאין לסמוך עליהן והופך לאדם נאמן ובעל הבנה.

נאמנות לגורו היא אחד הצעדים החשובים בדרכו של התלמיד. רוב בני האדם לא הגיעו לידי שלמות סגולת הנאמנות אפילו כלפי בשרם ודמם, או כלפי בן-זוג, בת-זוג, או חבר. לכן רעיון הנאמנות לגורו לא מובן כהלכתו. כדי להיות תלמיד אמיתי, על ה"צ׳לה" להיות נאמן לגורו שנשלח על ידי אלוהים: עליו לדבוק בנאמנות ובמיקוד מוחלט בהוראות הגורו שלו.

נאמנות איננה צרות אופקים. הלב הנאמן לאלוהים ולנציגיו הוא נדיב, מבין וחומל כלפי כל הברואים. תלמיד שכזה, השומר על נאמנות מוחלטת וממוקדת לגורו שלו ולהוראתו, רואה באור הנכון את כל שאר גילויי האמת ומעניק להם את ההערכה והכבוד הראויים.

פרמאהנסאג׳י דיבר על הנושא הזה פעמים רבות. הוא אמר: "אנשים רבים דואגים להפוך לצרי-אופקים לפני

שאפילו למדו להיות מאוזנים. מחפשי אמת שטחיים, מתוך רצון להראות רחבי-אופקים, סופגים ללא הבחנה רעיונות שונים, מבלי שתחילה זיקקו מתוכם דרך הכרה רוחנית את מהות האמת. התוצאה היא תודעה דלילה וחלשה רוחנית. אף כי אני מתייחס באהבה לכל הדרכים הדתיות האמיתיות ולכל המורים הרוחניים האמיתיים, אני נאמן במוחלטות לשלי."

"כל הדתות האמיתיות מובילות לאלוהים," הוא אמר. "חפשו עד שתמצאו את הלימוד הרוחני שמושך וממלא את ליבכם לחלוטין; וכשתמצאו אותו, אל תתנו לדבר להפר את נאמנותכם. תנו לדרך הזו את כל תשומת ליבכם. רכזו את כל תודעתכם בה, ותמצאו את התוצאות שאתם מחפשים."

כשדיבר על נאמנות, גורודווה* פרמאהנסאג'י לפעמים השתמש בדוגמה הבאה: "אם יש לך מחלה, אתה הולך לרופא והוא נותן לך תרופה כדי לרפא את מחלתך. אתה לוקח את התרופה הביתה ומשתמש בה על פי הנחיות הרופא. כאשר חבריך באים לבקר ומגלים את טבע מחלתך, אחד מהם סביר להניח יאמר: 'אה, את המחלה הזו אני מכיר היטב! אתה מוכרח לנסות את התרופה הזו.' אם עשרה אנשים יתנו לך עשר תרופות שונות, ותנסה את כולן, הסיכויים שלך להחלמה נתונים בספק. אותו עיקרון קיים בחשיבות הנאמנות להוראות הגורו. אל תערבב תרופות רוחניות."

* "מורה אלוהי", המונח הסנסקריטי המקובל למורה רוחני.

משמעותה של נאמנות אלוהית היא לאסוף את פיזור תשומת הלב, החיבה והמאמצים, ולרכז אותם במוחלטות על המטרה הרוחנית. התלמיד הנאמן צועד במהירות בדרכו אל אלוהים. פרמאהנסאג׳י תיאר את תפקידו של הגורו כך: ״אני יכול לעזור לכם יותר אם לא תדללו את מאמציכם. התכווננות עם הגורו קורית דרך נאמנות מוחלטת לו, למקורביו ולפועלו; דרך ציות מרצון לעצותיו (בין אם הוראה מילולית או כתובה); דרך ראייתו בעין הרוחנית; ודרך מסירות חסרת גבולות... בנשמות המכווננות אליו, הגורו יכול לבנות מקדש אלוהים.״ רק דרך נאמנות ניתן לרכז את המאמצים לחיפוש האל באופן יעיל. תודעת התלמיד הנאמן מתמגנטת מאהבה אלוהית, ונמשכת ללא מעצורים אל אלוהים.

ציות מפתח הבחנה

ציות, או כניעה, להדרכתו של הגורו, הוא אבן יסוד נוספת בקשר שבין הגורו לתלמיד. מדוע צו אלוהי זה? אדם צריך ללמוד לציית לתבונה נעלה כדי לעבור את מכשולי האגו והאשליות שהן פרי יצירתו. במשך אינספור גלגולים – מאז היותנו מן הבורים ביותר באנושות – האגו עשה כרצונו. הוא הכתיב, דרך רגשות והיקשרות חושית, את ההתנהגות שלנו, את השקפות העולם שלנו ואת העדפותינו. האגו משעבד את כוח הרצון וקושר את התודעה לגוף האדם

המוגבל. מצבי רוח מתחלפים, גלים של רגשות, העדפות משתנות תדיר, מכים בלי הרף בתודעת האדם ברגש כזה או אחר. מה שמוצא חן בעיניו במיוחד היום עשוי להיראות לו אחרת מחר, ואז ירדוף אחרי דבר אחר. מצב תודעתי מתחלף שכזה מעוור את האדם מתפיסת האמת.

דרישה ראשונית בדרך ה"צ׳לה" היא היכולת לכופף את רצונו הלא-ממושמע והגחמני לחוכמת הגורו – להכניע את הרצון המרוכז באגו לרצון המכוונן לאלוהים של הגורו. תלמיד העושה זאת משחרר את האחיזה העוצמתית של האגו המגביל. כאשר פרמאהנסאג׳י נכנס לאשרם של סוואמי שרי יוקטשוואר כתלמיד, הגורו שלו כמעט מיד ביקש: "הרשה לי לחנך אותך; מכיוון שחירות הרצון אין משמעה לעשות דברים על פי צווי ההרגלים שלפני הלידה ולאחריה, או על פי גחמות הדעת, אלא לפעול בהתאם להשראת החוכמה ולבחירה החופשית. אם תכוונן את רצונך לשלי, תמצא את החירות."

כיצד מכוונן התלמיד את רצונו לזה של הגורו? לכל מסע רוחני יש את הכללים המצווים והאוסרים שלו. "סדהנה" הוא מונח הודי למשמעת רוחנית: ה"לעשות ולא לעשות" המוגדרים על ידי הגורו כהכרחיים במסע חיפושו של ה"צ׳לה" אחר האל. בשמירה כנה על הוראות אלו, ככל יכולתו, ובמאמץ עקבי להסב נחת לגורו דרך התנהגות נאותה, התלמיד שובר כל מכשול שהאגו בנה בין רצונו

הקשר בין הגורו לתלמיד

לרצון הגורו, המתבטא דרך הצווים החכמים.
בציותו לגורו, התלמיד מגלה שרצונו משתחרר באופן הדרגתי מרצונות, הרגלים ומצבי רוח אגואיסטיים משעבדים. והמוח, שהיה בעבר כה חסר מנוחה ובלתי יציב, מפסיק להיות מפוזר ומפתח את היכולת להתרכז. כשהוא נעשה מרוכז בצורה נכונה, הראייה המנטלית של התלמיד מתבהרת. מעטה אחר מעטה של אי-הבנה ובלבול מתרוממים. שגיאותיהם של אינספור מעשים שבעבר נראו נכונים, אך הובילו אך ורק לסבל, נחשפות לפתע בתפיסה זוהרת של האמת. התלמיד יודע מה נכון, מה אמיתי: הוא יכול להבחין בין טוב לרע. פרמאהנסאג׳י לימד שהתנהגות מבחינה היא עשיית הדברים שעלינו לעשות, בזמן שעלינו לעשותם.

כדי להצליח במסע הרוחני, חובה על חסיד האלוהים לפתח יכולת הבחנה; אחרת האינסטינקטים, מצבי הרוח, ההרגלים ונטיות העבר הרגשיות שלו - שנאספו לאורך גלגולים - ימשיכו להוליך אותו שולל.

עד שיכולת ההבחנה של התלמיד מפותחת לחלוטין, ציות וכניעה להדרכתו של הגורו הם התקווה היחידה של ה"צ׳לה" לגאולה. יכולת ההבחנה של הגורו היא זו שמצילה אותו. הבהגווד גיטה (ד׳:36) מלמד שרפסודת החוכמה תישא אפילו את החוטא הגדול ביותר מעבר לים האשליה. בשמירת ה"סדהנה" שהגורו נתן, התלמיד בונה רפסודה מצילת חיים משלו של חוכמה.

ציותו של התלמיד צריך להיות כנה ועם כל הלב. להביע מסירות מן השפה ולחוץ לגורו ולהמשיך להתנהג לפי ציווי ההרגלים הרעים של האגו זו טיפשות. מי שמרמה במאמציו בדרך הרוחנית, הוא לבדו המפסיד.

ל"צ'לות" שביקשו את משמעתו, גורודווה נתן את העצה הפשוטה הזו: "התפללו תמיד לרצות את אלוהים ואת הגורו בכל דרך." המילים הללו מסכמות את כל ה"סדהנה". אך לבצע זאת, אינו דבר פשוט. לרצות את אלוהים ואת הגורו דורש יותר מאהבה והערכה פסיביים לאלוהים, לגורו ולדרך. אפילו כשהיא מגיעה מהלב, תפילה זו אינה מספקת כדי לרצות את אלוהים והגורו. פרמאהנסאג'י הרבה לומר שאינו אוהב לשמוע אנשים קוראים, "השם ישתבח! השם ישתבח!" כאילו אלוהים הוא גבירה מפונקת האוהבת חנופה. "אין זה מרצה את אלוהים," הוא נהג לומר. "אלוהים בוכה עבורנו, ועבור כל ילדיו האבודים והאומללים שבחשכת האשליה." אלוהים והגורו רוצים מאתנו רק את טובתנו הנעלה: חירות מן העולם הזה, הרווי תנודות מתעתעות - בריאות וחולי, הנאה וסבל, שמחה ועצב - ועגינה בטוחה באושר החדש-תמיד של הרוח האלוהית הבלתי-משתנה.

לכן, הדרך לרצות את אלוהים ואת הגורו היא על ידי התנהגות נכונה, שדרכה אנו מאפשרים להם להעניק לנו גאולה. אך התנהגות נכונה עקבית אפשרית רק כשמתרגלים ציות וכניעה לאלוהים דרך שליחו, הגורו.

כבוד וענווה בפני שליח אלוהים

במזבחות המקדשים של Self-Realization Fellowship מונחות תמונות של ישו, בהגוואן קרישנה, ה"פארמגורויים" שלנו מהאווטאר באבאג׳י, לאהירי מהאסיה, ושרי יוקטשוואר; ושל הגורו שלנו, פרמאהנסה יוגאננדה. כך אנו מעניקים להם יראת כבוד ומסירות, בהיותם ערוציו של אלוהים, שדרכם הלימוד של Self-Realization Fellowship הגיע לעולם. כבוד בצורתו הנעלה הוא יראה, עוד היבט חשוב של החוק האלוהי שמוביל את האדם להכרה אלוהית דרך הקשר של הגורו לתלמיד.

כמה מעט כבוד לאלוהים ולאדם מפגינים בני-אדם בימינו! רבים מן הנוער המוטרד שלנו מאבדים הערכה לחוכמת השנים, לסדר החברתי, וכתוצאה מכך, גם לעצמם. כשאין הערכה עצמית, השחיתות מתיישבת. הערכה אמיתית, לעצמנו ולאחרים, מתעוררת מתוך ההבנה של המהות האלוהית שלנו. מי שיודע את עצמו כהעצמי, ניצוץ ייחודי מלהבת הרוח האלוהית, יודע גם כי כל בני-האדם האחרים הם ביטויים של אותה רוח האלוהית. בשמחה וביראה הוא משתחווה לאחד שבכולם.

על ידי טיפוח כבוד לגורו כשליחו של אלוהים, ולבני-האדם כצלמי אלוהים, החסיד מסייע לעצמו להתפתח רוחנית. מגישה של כבוד לגורו נובעת פתיחות לאלוהים דרך הגורו, ומן הפתיחות נובעת הבנה של מהו נכון ואצילי,

המביאה ליראת כבוד לאלוהים ולגורו. כאשר אדם מסוגל, בליבו ובפועל, להשתחוות למשהו שמעבר לאגו, מתרחשת טרנספורמציה מבפנים: האדם מפתח ענווה. האגו הוא כקיר של כלא, עבה ובלתי חדיר, סביב הנשמה - טבעו האמיתי של האדם. הכוח היחיד שיכול לשבור את הקיר הזה הוא ענווה.

מי שקרא את "אוטוביוגרפיה של יוגי" יזכור שכאשר לאהירי מהאסיה ראה את מהאווטאר באבאג'י רוחץ את כפות רגליו של סאדהו פשוט בקומבה מלה,* הוא נדהם. "גורוג'י!" הוא קרא. "מה אתה עושה כאן?"

"אני רוחץ את כפות רגליו של הנזיר הזה," ענה באבאג'י, "ואחר כך אלך לשטוף את כלי האוכל שלו. אני לומד את המעלה הנעלה ביותר, המרצה את האל יותר מכל - ענווה."

ענווה היא החוכמה המכירה באחד הנעלה מאיתנו. רוב בני-האדם סוגדים לאני-האגו. אך כאשר התלמיד משתחווה במקום לעצמי הנעלה, ולגורו כערוצו של אלוהים שאת עזרתו הוא מבקש כדי להכיר בעצמי, הוא מפתח את הענווה הנדרשת כדי להסיר את כלא קיר האגו, ומרגיש בתוכו הכרה אלוהית, מתרחבת תמידית, הגואה מהעצמי הנעלה.

האדם העניו הוא באמת אדם של שלום, אדם של שמחה אמיתית. הוא אינו מושפע מהפכפכנות של ההתנהגות והאהבה האנושית. הוא אינו נפגע מחוסר היציבות של ידידות

* פסטיבל דתי שבו משתתפים אלפי סגפנים ועולי רגל.

אנושית או מטבעם הזמני של מעמד וביטחון בעולם הזה. כל המחשבות על רווח אישי והערצה אישית מתמעטות ודועכות באדם העניו. הכתובים אומרים: "כאשר ה'אני' הזה ימות, אז אדע מי אני." כאשר האגו נעלם, הנשמה – צלם האלוהים הרדום בתוכנו – יכולה לבסוף להתעורר ולבטא את עצמה. החסיד מגלם אז בחייו את כל תכונות הנשמה האלוהיות, וחופשי לעד מבורות ה"מאיה", אשליית העולם הנכפת על כל היצורים המשחקים בדרמת הבריאה של אלוהים.

זכרו אפוא: הכבוד מוליד יראת כבוד; והענווה באה בעקבותיה. כאשר החסיד מפתח תכונות אלו, הוא מתחיל לרוץ לקראת המטרה של מסעו הרוחני.

סגולת האמונה

הקשר בין הגורו לתלמיד מביא את סגולת האמונה לשלמות ב"צ'לה". העולם שבו אנו חיים מושתת על יחסיות, ולכן הוא אינו יציב. איננו יודעים מדי יום אם גופינו יהיה בריא או יחלה. איננו יודעים אם אהובינו, שנמצאים עמנו היום, יהיו עמנו גם מחר או יילקחו מעל פני האדמה. איננו יודעים אם השלום שאנו נהנים ממנו היום לא יתנפץ מחר לרסיסים על ידי מלחמה. חוסר ידיעה זה יוצר באדם חוסר ביטחון עמוק. משום כך קיימות כיום כל כך הרבה מחלות נפש וכל כך הרבה חוסר מנוחה. זוהי גם הסיבה לכך שהאדם נאחז בעיוורון ברכוש חומרי. הוא רוצה מעמד גבוה יותר, פרסום גדול יותר,

יותר כסף. הוא רוצה בית גדול יותר, יותר בגדים, רכב חדש. כל הדברים הללו, הוא מאמין, יעניקו לו ביטחון בעולם מפוחד ולא בטוח. הוא אוחז בחפצים בלבד והופך אותם לאלילים שלו.

אמונה אמיתית נולדת מתוך חווית האמת והמציאות, ידע ישיר וודאות בכוחות האלוהיים המשמרים את הבריאה כולה. האדם חסר ביטחון מפני שאין לו אמונה כזו. ישו אמר: "אמן אומר אני לכם, אם יש לכם אמונה כגרגר החרדל ואמרתם אל ההר הזה העתק מזה שמה ונעתק ממקומו ואין דבר אשר יבצר מכם" (מתי יז':20).

אנחנו אפילו לא מתחילים לבטא אמונה בחיינו מפני שקשה לנו להאמין "בדברים אשר אינם נראים." אך האמת היא, שאדם אינו יכול להגיע לאמונה אלא אם וכאשר יחווה בחייו דבר מה שלא יכזיבהו. הקשר בין הגורו לתלמיד מוביל להבטחה זו. התלמיד מגלה בגורו מי שמייצג את האלוהות: הגורו חי על פי צווים אלוהיים; הוא מגלם את רוח האלוהים בחייו; הוא ההתגלמות של "הדברים אשר אינם נראים."

הגורו הוא גם התגלמות של אהבה אלוהית שאינה מותנת. לא משנה מה נעשה, הוא לעולם לא ישתנה באהבתו לנו. אנו מבינים שניתן לסמוך על אהבה זו. וכאשר אנו רואים אותה מבוטאת יום אחר יום, שנה אחר שנה, האמונה שלנו באהבת הגורו גדלה. אנו מבינים שאלוהים שלח לנו מישהו שישגיח עלינו רגע אחר רגע, יום אחר יום, חיים אחר חיים - מישהו שתמיד ישמור אותנו לנגד עיניו.

הקשר בין הגורו לתלמיד 21

זהו הגורו, מי שאמונתנו אליו פורחת דרך הכרה באחדותו עם הרוח האלוהית העקבית והבלתי-משתנה.

בקשר בין הגורו לתלמיד נדרשת אמונה מלאה מצידו של התלמיד. הגורו אומר ל"צ'לה": "ילדי, אם אתה רוצה לדעת את אלוהים, אם אתה רוצה את הכוח לחזור אליו, עליך לפתח אמונה במה שאינך יכול לראות, במה שכרגע אינך יכול לגעת, במה שאינו יכול להיות ידוע דרך התפיסות החושיות. אתה חייב אמונה באחד שלא נראה, מכיוון שהוא המציאות היחידה מאחורי כל מה שכרגע נראה לחושים האנושיים המוגבלים כה אמיתי."

כדי לעזור לתלמיד לפתח אמונה, הגורו אומר: "לך אחרי; בעיוורון, אם כך נדרש." האגו מעוות את ראייתנו, אך ראייתו של הגורו היא ללא דופי. עיני החוכמה שלו פקוחות תמיד. בשבילו לא קיים הבדל בין אתמול, היום ומחר. בתפיסתו האלוהית העבר, ההווה והעתיד הם כולם אותו דבר. פרמאהנסאג'י אמר רבות: "בהכרה האלוהית אין זמן, אין מקום; הכל קורה בעכשיו הנצחי. האדם רואה רק חלק קטן מהשרשרת של האינסוף, ובכל זאת חושב שהוא יודע הכל." הגורו, שהוא אחד עם אלוהים, ושהכרתו נקייה מן האשליה המערפלת את המוח האנושי, רואה את הנצח. הוא רואה את מצבו הנוכחי של התלמיד, הוא רואה למה ה"צ'לה" שואף להיות, את הקשיים שהוא כבר עבר במהלך גלגולים רבים, ואת המכשולים שעוד לפניו. הגורו בלבד יכול

לומר: "זוהי הדרך לאלוהים." למרות שהתלמיד צריך ללכת אחריו בעיוורון, הדרך שלו בטוחה ומובטחת.

כבר מתחילת ה"סהדנה", צריך להקשיב ולציית באמונה, גם כאשר היבט כלשהו מהוראת הגורו לא מובן כהלכה. גורודווה נהג לומר לפעמים, כאשר תלמיד התחיל להתווכח אתו על הוראה כלשהי שנתן: "אין לי זמן להגיון שלך. פשוט עשה כדברי." בהתחלה, זה לעיתים קרובות נראה בלתי-סביר ל"צ'לה". אך אלו שצייתו בלי שאלות ראו את התועלת בתרגול שכזה. צייתו להוראות הגורו, מכיוון שהוא רואה, הוא יודע. הוא יכוון אתכם מבפנים, דרך המעשים שאתם עושים מתוך הקשבה וברצון, במילוי הוראותיו. אמון בגורו מאפשר לו לטפח בתלמידו את כוחה הכל-יודע שבאמונה.

בכך שיש לנו בגורו מי שיכול להעניק לנו את הביטחון באלוהים, מי שאת ידו אנחנו יכולים לתפוס מתוך ביטחון שהוא יוביל אותנו בבטחה דרך חשכת ה"מאיה", אנו מתחילים לפתח את האמונה הנדרשת לידיעת האל.

עזרת הגורו

הגורו עוזר לתלמיד באינספור דרכים. אולי הגדולה שבהן היא שהוא מעורר השראה ב"צ'לה" דרך ביטויו את הסגולות האלוהיות: הוא "הקול המדבר של האל הדומם"*

* מתוך הקדשה שכתב פרמאהנסה יוגאננדה לגורו שלו, ב"לחישות

וגלגול החוכמה הנעלה והאהבה הטהורה ביותר; הוא מגלם את תכונות הנשמה שמשקפות את אלוהים; הוא מסמל את הדרך ואת המטרה. ישו אמר: "אנוכי הנני הדרך והאמת והחיים" (יוחנן יד':6). הגורו הוא הדרך; כדוגמה עליונה ל"סדהנה" שהוא נותן לתלמידו, הוא מדגים חוקים אלוהיים של אמת ומלמד איך ליישם אותם כדי לדעת את אלוהים. הוא נותן ל"צ'לה" השראה וחיוניות רוחנית ללכת בדרך שמובילה לחיי נצח באלוהים.

התלמיד המתחיל אולי יאמר לעצמו שמכיוון שהגורו הוא אלוהי, ה"צ'לה" לא יכול לקוות לחקות אותו. תלמיד אחד כזה, שהתבקש על ידי פרמאהנסה יוגאננדה לעשות משהו שחשב שמעבר ליכולתו, אמר שהוא לא יוכל לעשות זאת. תגובתו של פרמאהנסאג'י הייתה מהירה ואמפתית:

"אני יכול לעשות זאת!"

"אבל, גורודווה, אתה יוגאננדה. אתה אחד עם אלוהים." התלמיד חשב שפרמאהנסאג'י יאמר: "כן, אתה צודק. קח את זמנך. מתישהו תצליח."

אך גורודווה ענה: "קיים רק הבדל אחד בינך לבין מי שהוא כמו יוגאננדה. אני התאמצתי; עכשיו, אתה צריך להתאמץ!"

שני דברים פרמאהמסאג'י לעולם לא הרשה לתלמידים שהוא חינך לומר: "אני לא יכול" ו"אני לא אעשה." הוא

מהנצח", בהוצאת Self-Realization Fellowship.

התעקש על נכונות להתאמץ.

"החיים הם כמו נהר הזורם במהירות," אמר פרמאהנסאג'י לעתים קרובות. "כאשר אתה מחפש את אלוהים, אתה שוחה נגד הזרם של נטיות ארציות שמושכות את מוחך לתודעה חומרית וחושית מוגבלת. אתה חייב להתאמץ לשחות 'נגד הזרם' בכל רגע. אם תנוח, הזרמים החזקים של האשליה ייקחו אותך איתם. על מאמצך להיות עקביים."

הכתבים הוודים אומרים שהמאמץ הרוחני של התלמיד מהווה רק עשרים וחמישה אחוזים מהכוחות הרוחניים הנדרשים להחזיר את נשמתו חזרה לאלוהים. עשרים וחמישה אחוזים נוספים ניתנים דרך ברכת הגורו. החמישים אחוזים הנותרים מוענקים מחסדו של האל. לכן מאמציו של התלמיד שווים לאלו של הגורו, ואלוהים פועל באותה מידה כמו הגורו והתלמיד יחדיו. למרות שמאמציו של התלמיד מהווים רק רבע מהשלם, עליו להתקדם ולעשות את חלקו במלואו, ולא להמתין לקבל תחילה את ברכתם של אלוהים ושל הגורו. כאשר התלמיד עושה את מירב מאמצו למלא את חלקו, ברכת הגורו וחסדו של אלוהים איתו באופן אוטומטי.

הגורו גם עוזר לתלמיד על ידי נשיאת חלק גדול ממעמסת הקארמה* שלו. על פי בקשתו של אלוהים, הוא

* השפעות של מעשי עבר, בחיים האלו או בגלגולים קודמים; מהמילה הסנסקריט "קרי," "לעשות." ראה מלון מונחים.

אף עלול לשאת חלק מהקארמה הכללית של האנושות. "בן האדם לא בא למען ישרתוהו, כי אם לשרת ולתת את נפשו כופר תחת רבים" (מתי כ':82). ישו אפשר לגופו להיצלב כדי לשאת על עצמו חלק מהקארמה האישית של תלמידיו וחלק מהקארמה הכללית של האנושות. לעתים קרובות ראינו את פרמאהנסה יוגאננדה מדגים את היכולת הזאת. לעיתים תסימני מחלה שממנה ריפא מישהו היו מתגלמים בגופו שלו לזמן מה. בזמן מלחמת קוריאה, בעודו במצב של סמאדהי, הוא קרא מכאב כאשר סבל יחד עם החיילים הפצועים והמתים בשדה הקרב.

מראה של שלמות

הגורו משמש גם כמראה המשקפת את דמות האופי של התלמיד. כאשר התלמיד אומר: "אני רוצה את אלוהים," הוא מציב את עצמו על הדרך לשלמות, משום שכדי לדעת את אלוהים עליו לשוב ולבטא את השלמות המולדת של הנשמה. עליו להשמיד את האגו והשפעותיו על מחשבותיו ומעשיו. אם התלמיד עומד בפני מראת הגורו ביראה, במסירות, באמונה, בציות ובכניעה, היא תראה לו את כל המגרעות והחולשות האישיות שלו החוסמות את דרכו למטרה.

למרות שפרמאהנסאג'י ראה את מגרעותינו והצביע עליהן בכנות בפני תלמידים שהיו פתוחים לקבל זאת, הוא לעולם לא התעכב עליהן. רק כאשר היה צורך לשם חינוכו

הרוחני של התלמיד היה מזכיר אותן. עיקר תשומת לבו הייתה מופנית אל התכונות הטובות של כל אחד. כאשר נזף במישהו, הוא היה מוסיף: "ערוך חקירה עצמית כדי להבין את טיבה של המגבלה שלך, את סיבותיה ואת תוצאותיה; ואז שחרר אותה ממוחך. אל תתעכב על המגרעה. התרכז במקום זאת בפיתוח וביטוי התכונה הטובה ההפוכה."

כך שאם מישהו מלא בספקות, עליו לנסות לתרגל אמונה. אם הוא חסר מנוחה, עליו להצהיר ולתרגל שלווה: "אם אין בך תום, לבשי מסווה של תום."*

כיצד ללכת בעקבות הגורו

על התלמיד ללמוד ללכת בעקבות הגורו בכך שהוא מחקה את דוגמתו ובכך שהוא מתרגל בנאמנות את ה"סדהנה" שלו. כאשר התלמיד מנסה לראשונה, הוא אינו מצליח לעקוב בשלמות, אך עליו להמשיך ולעשות את המאמץ הנדרש עד שיצליח.

לאלו ההולכים בדרך של Self-Realization Fellowship, משמעות ההליכה בעקבות הגורו היא להחדיר מסירות למדיטציות המדעיות היומיומיות, ולאזן את המדיטציה הזו בעשייה נכונה. כפי שלימד אותנו פרמאהנסאג'י מן הבהגווד גיטה, פעילות נכונה, כלומר, פעילות המעוררת

* "המלט", מערכה 3, תמונה 4.

זכירת אלוהים, נעשית ללא תשוקה לפרי המעשה, ללא בקשת תוצאה לאני, אלא אך ורק כדי לשמח את אלוהים.

יש הסבורים שחיים במחיצת גורו משמעותם בילוי הימים לצידו, במדיטציה ב"סמדהי" של אושר עילאי ובהקשבה לדברי חוכמתו. אך לא כך היה החינוך שקיבלנו מהגורו שלנו, פרמאהנסה יוגאננדאג'י. היינו פעילים מאוד, ולעיתים קרובות עסוקים לחלוטין בשרות. גורודווה היה שקוע ללא לאות בעבודתו לאלוהים ולאנושות; ובדוגמתו האישית לימד אותנו להיות מסורים לחלוטין. להיות רוחני משמעו להרוס את האני ואת האנוכיות. אם הוא עבד במשך כל הלילה, גם אנחנו עבדנו כל הלילה. אהבתו האינסופית של גורודווה לאנושות באה לידי ביטוי ממשי במעשי השירות הבלתי-נלאים שלו. ואף על פי כן, הוא הזכיר לנו שוב ושוב לאזן פעילות זו עם המדיטציה העמוקה המובילה לאיחוד עם אלוהים ולהכרה עצמית.

"ההוראה תהיה לכם הגורו"

פרמאהנסאג'י אמר: "כאשר לא אהיה כאן עוד, ההוראה תהיה לכם הגורו. אלו שילכו בדרך הזו של הכרה עצמית בנאמנות ויתרגלו את ההוראות הללו יתכווננו אלי, ואל אלוהים ואל ה"פראמגוריים"* ששלחו את ההוראה הזו."

* מילולית, "הגוריים מעבר"; במקרה הזה, סוואמי שרי יוקטשוואר (הגורו של פרמאהנסה יוגאננדה), לאהירי מהאסיה (הגורו של שרי יוקטשוואר), ומהאווטאר באבאג'י (הגורו של לאהירי מהאסיה).

דרך ההוראה של Self-Realization Fellowship ניתן למצוא את ההדרכה וההשראה הנדרשות כדי לצעוד בדרך לאלוהים בביטחון. על כל תלמיד של Self-Realization לשאוף לחיות ללא לאות על פי ההדרכה של גורודווה. לימודיו ישימים על כל היבט של חיינו. אין לראות בהם פילוסופיה בלבד, אלא דרך חיים. אלו החיים את חייהם על פי הוראותיו של פרמאהנסאג'י מכירים באמת - בין הגורו לתלמיד לא קיימת הפרדה - בידיעה מוחלטת. בין אם הגורו מצוי בגוף פיזי, או שעזב את כדור הארץ לחיות בעולמות האסטרליים או הסיבתיים, או ברוח האלוהים שמעבר, הוא נמצא תמיד קרוב לתלמיד המתכוונן אליו. ההתכווננות הזו מובילה לישועה. באיחודו עם אלוהים, גורו אמיתי נוכח-בכל; הוא יכול להושיט עזרה מן השמיים כדי לסייע לתלמיד להגיע אל אלוהים. סיוע רוחני זה הוא הבטחתו האלוהית והנצחית של הגורו. זכות גדולה היא לתלמיד המובל אל גורו אמיתי. וגדולה ממנה זכותו אם הוא מתאמץ בכנות לשלמות מתוך ציות ומסירות אמיתית להוראות הגורו.

הקשר בין הגורו לתלמיד הוא נצחי

הגורו נוכח-בכל. עזרתו, הדרכתו והוראותיו נשארות בתוקף לא רק במשך השנים המועטות שהוא חי עלי אדמות, אלא לנצח. פעמים רבות אמר הגורו שלנו: "חסידים רבים הגיעו במהלך חיי. אני מזהה אותם מגלגולים קודמים. ורבים

הקשר בין הגורו לתלמיד

נוספים עוד יבואו. אני מכיר אותם. הם יגיעו אחרי שאעזוב את הגוף הזה." עזרת הגורו לתלמידים כנים אינה נפסקת עם עזיבתו את הגוף. אילו כך היה, לא היה זה גורו אמיתי. ההכרה של גורו אמיתי היא נצחית: תמיד ערה, תמיד מכוונת, בלתי מופרעת על ידי פתיחתן וסגירתן של דלתות החיים והמוות. ידיעתו את התלמיד וחיבורו אליו הם תמידיים.

פרמאהנסאג׳י התייחס לחובתו הנצחית של הגורו כאשר יום אחד דיבר על הזמן שבו לא יהיה עוד עמנו בגופו הפיזי: "זכרו תמיד, כאשר אעזוב את הגוף, לא אוכל לדבר אתכם שוב בקול הזה, אבל אני כן אדע כל מחשבה שתחשבו וכל מעשה שתעשו."

כפי שאלוהים נוכח-בכל, כך גם הגורו נוכח-בכל. הוא יודע מה בליבו ובמוחו של כל תלמיד. "אני לעולם לא נכנס לחייהם של אלו שאינם רוצים בכך," אמר פרמאהנסאג׳י, "אבל לאלו שנתנו לי את הרשות, ושמחפשים את הדרכתי, אני נוכח תמיד. ההכרה שלי מכוונת אליהם; אני מודע אפילו לרעד הקל ביותר בהכרתם."

גם כאשר גורודווה היה עמנו בגוף, הוא לימד אותנו שלא להיות תלויים באישיותו, אלא לשאוף להתכוונן אליו במחשבה ובהכרה. הוא התנהל עם מחשבותינו, מצבי התודעה שלנו. כתוצאה מההתכווננות הזו, כיום אין הבדל אם גורודווה נוכח בצורתו הפיזית או לא. הוא תמיד איתנו.

איתנו כאן, בכנס היובל, יושבים מאות אנשים

ממקומות שונים בעולם אשר לא פגשו את פרמאהנסאג'י במהלך חייו. ובכל זאת ראו כיצד כל אחד מכם הרוויח מהוראותיו של גורודווה במסעכם הרוחני הכן! ברכותיו הגיעו אליכם משום שהוא נוכח-בכל ומשום שפתחתם את עצמכם על ידי מסירות, על ידי תרגול הוראותיו, ועל ידי נאמנותכם לארגון שהקים. מעשים טובים ואיכויות אלו, הביאו לכם, התלמידים, התכווננות רוחנית עמוקה עם פרמאהנסה יוגאננדה, הגורו.

גורו "דיקשה"

הקשר בין הגורו לתלמיד נוסד רשמית, בחסדו של האל, כאשר התלמיד מקבל "דיקשה" - חניכה או הטבלה רוחנית - מן הגורו או דרך מי שהגורו מינה כצינור. בעת החניכה מתקיים חילוף הדדי של אהבה ונאמנות בלתי-מותנים ונצחיים; קשר זה נוצר כאשר התלמיד נשבע לקבל את הגורו וללכת בעקבותיו בנאמנות, וכאשר הגורו מבטיח להוביל את התלמיד אל אלוהים.

חלק מן ה"דיקשה" הוא הענקת שיטה רוחנית מן הגורו שתהיה האמצעי של התלמיד לישועה, ושאותה מתחייב התלמיד לתרגל בחריצות. ב - Self-Realization Fellowship, "דיקשה" היא הענקת הקריה יוגה, בין אם באמצעות טקס חניכה פורמלי, או, אם הדבר אינו אפשרי לתלמיד, ב "בידואט", כלומר באופן בלתי-טקסי.

הקשר בין הגורו לתלמיד

אך גם בתרגול רוחני עוצמתי כל-כך כמו הקריה יוגה, חסר מרכיב חיוני ללא ברכתו של הקשר שבין הגורו לתלמיד. הגורו מבהיר באופן חד-משמעי את התנאים המוקדמים לקבלתו של כל חסיד כתלמיד. לכן, על החניכה להתקבל בדרך הממלאת תנאים אלו וכך לקשור את התלמיד ישירות עם הגורו; אזי מתחיל הכוח הרוחני של קשר זה לפעול בחיי התלמיד.

כביר, המשורר-קדוש ההודי הגדול, שר את שבחי הגורו במילים אלו:

בחסדו של הגורו האמיתי שלי נודע לי הבלתי-נודע;
למדתי ממנו איך ללכת בלי רגליים, לראות בלי עיניים, לשמוע בלי אוזניים, לשתות בלי פה, לעוף בלי כנפיים.

הבאתי את אהבתי ואת המדיטציה שלי אל הארץ שבה אין שמש ואין ירח, אין יום ואין לילה.

ללא אוכל, טעמתי ממתיקות הנקטר; וללא מים, הרוויתי את צמאוני.

היכן שקיימת תשובת העונג, שם נמצאת שלמות השמחה. בפני מי ניתן להגות זו השמחה?

כביר אומר: הגורו גדול מעבר למילים, וגדול גם מזלו הטוב של התלמיד.

אודות המחברת

שרי מרינליני מאטה, אחת מאלו שיועדו והוכשרו אישית על־ידי פרמאהנסה יוגאננדה לשאת את מטרות ארגונו לאחר עזיבתו את גופו, כיהנה כנשיאה והמנהיגה הרוחנית של Self-Realization Fellowship/Yogoda Satsanga Society of India משנת 2011 ועד לעזיבתה את גופה בשנת 2017. היא הקדישה מעל שבעים שנה לשירות מסור ונטול אנוכיות לפועלו של פרמאהנסה יוגאננדה.

מרינליני מאטה פגשה לראשונה את פרמאהנסה יוגאננדה בשנת 1945, במקדש ה-Self-Realization Fellowship שבסן דייגו. באותה עת הייתה בת ארבע־עשרה. מספר חודשים בלבד לאחר מכן התגשם רצונה להקדיש את חייה לחיפוש האל ולשירותו, כאשר בהסכמת הוריה הצטרפה לאשראם של שרי יוגאננדה באנסיניטס, קליפורניה, כנזירה של Self-Realization Fellowship.

דרך שהות יומיומית יחדיו במהלך השנים שלאחר מכן (עד לעזיבת הגורו את גופו בשנת 1952), הקדיש

פרמאהנסאג'י תשומת לב מיוחדת להכשרתה הרוחנית של נזירה צעירה זו. (במקביל השלימה את השכלתה הפורמלית במוסדות החינוך המקומיים.) כבר מראשית חייה באשראם, הכיר בתפקידה העתידי ודיבר עליו בגלוי בפני יתר תלמידיו, והדריך אותה באופן אישי להכין את כתביו והרצאותיו לפרסום לאחר עזיבתו את גופו.

מרינליני מאטה (ששמה מתייחס לפרח הלוטוס, הנחשב במסורת ההודית לסמל הטוהר וההתפתחות הרוחנית) שירתה במשך שנים רבות כעורכת הראשית של ספרי Self-Realization Fellowship, השיעורים וכתבי העת. בין היצירות שראו אור כתוצאה ממאמציה נמנות פרשנותו המופתית של פרמאהנסה יוגאננדה ל"ארבע הבשורות" (שכותרתה The Second Coming of Christ: The Resurrection of the Christ Within You); תרגומו ופרשנותו ל"בהגווד גיטה" (God Talks With Arjuna), אשר זכה להוקרה רחבה; מספר כרכים משירתו וכתביו מעוררי ההשראה; ושלוש אסופות מקיפות של הרצאותיו ומאמריו.

הקלטות של שיחות מאת שרי מרינליני מאטה

(זמין באנגלית בלבד)

Look Always to the Light

Living in Attunement With the Divine

The Yoga Sadhana That Brings God's Love and Bliss

Guided Meditation for Christmastime

Embracing and Sharing the Universal Love of God

Tuning In to God's Omnipresence

The Guru: Messenger of Truth

The Interior Life

If You Would Know the Guru

Look Always to the Light

פרמאהנסה יוגאננדה
(1893–1952)

"אידיאל אהבת האל ושרות המין האנושי בא לידי ביטוי עמוק בחייו של פרמאהנסה יוגאננדה ... למרות שמרבית חייו עברו עליו מחוץ לגבולות הודו, שמור לו מקום של כבוד בקרב קדושיה הגדולים. פועלו ממשיך להתפתח ולהאיר ביתר שאת, ולקרב אנשים מכל העולם לנתיב המסע הרוחני."
– מתוך עלון זיכרון שפרסמה ממשלת הודו בעת הנפקת בול זיכרון לכבודו של פרמאהנסה יוגאננדה.

נולד בהודו ב-5 בינואר, 1893, פרמאהנסה יוגאננדה הקדיש חייו לעזור לאנשים מכל הגזעים והאמונות השונות לממש ולהביע בחייהם את היופי, האצילות והאלוהות האמיתית של הרוח האנושית בצורה מלאה יותר.

לאחר שסיים את לימודיו באוניברסיטת כלכותה בשנת 1915, שרי יוגאננדה נדר שבועות רשמיות כנזיר של מסדר הסוואמי הנזירי המכובד של הודו. שנתיים לאחר מכן, הוא החל את מפעל חייו עם ייסוד בית הספר "כיצד לחיות" – שמאז גדל לשבעה עשר מוסדות חינוכיים ברחבי הודו – מקום בו נושאים אקדמאים מסורתיים הוצעו יחד עם אימון והדרכת יוגה באידיאלים רוחניים. בשנת 1920, הוזמן לשמש כנציגה של הודו בקונגרס בינלאומי של דתיים ליברלים בבוסטון. נאומו בקונגרס והרצאותיו הנוספות

לאחר מכן בחוף המזרחי התקבלו בהתלהבות רבה, ובשנת 1924 הוא יצא לסיור נאומים חוצה יבשות.

במהלך שלושת העשורים הבאים, פרמאהנסה יוגאננדה תרם בדרכים מרחיקות לכת להכרת והערכת המערב בצורה נרחבת יותר בחוכמה הרוחנית של המזרח. בלוס אנג'לס, הוא הקים את המטה הבינלאומי של Self-Realization Fellowship - החברה הדתית הלא מגזרית שהקים ב-1920. דרך כתביו, סיורי הרצאות נרחבים והקמת בתי תפילה ומרכזי מדיטציה רבים של Self-Realization Fellowship, הוא הביא לאלפי שוחרי-אמת את המדע והפילוסופיה העתיקים של היוגה ואת שיטות המדיטציה האוניברסליות שלה הניתנות ליישום.

כיום פועלו הרוחני וההומניטרי ממשיך בניהולו של אח צ'ידאנג־דה, נשיא /Self-Realization Fellowship Yogoda Satsanga של הודו. בנוסף לפרסום כתביו, הרצאותיו ושיחותיו הבלתי פורמליים (כולל סדרה מקיפה של שיעורים ללימוד בייתי), הארגון גם מפקח על בתי תפילה, ריטריטים ומרכזים ברחבי העולם; קהילות נזירים של Self-Realizaion Fellowship; ומעגל תפילה עולמי.

במאמר על חייו ומפעלו של שרי יוגאננדה, ד"ר קווינסי האו ג'וניור, פרופסור לשפות קדומות במכללת סקריפס, כתב: "פרמאהנסה יוגאננדה הביא למערב לא רק את ההבטחה הנצחית של הודו להכרת אלוהים, אלא

גם שיטה מעשית שבאמצעותה מחפשי דרך רוחניים מכל תחומי החיים עשויים להתקדם במהירות לעבר המטרה הזו. במקור, מוערכת במערב רק ברמה הנעלה והמופשטת ביותר, כיום, המורשת הרוחנית של הודו נגישה כתרגול וחוויה לכל מי ששואף לדעת את אלוהים, לא במעבר, אלא כאן ועכשיו ... יוגאננדה הניח בהישג יד את שיטות ההתבוננות הנעלות ביותר."

מילון מונחים
לסדרת "כיצד-לחיות"

אווטאר: מן המילה בסנסקריט אווטאר ("לרדת"), המציינת את רדת האלוהות אל גוף בשר ודם. מי שמשיג אחדות עם הרוח האלוהית ושב אל פני האדמה כדי לסייע לאנושות נקרא אווטאר.

אום: המילה השורשית בסנסקריט, או צליל-הזרע, המסמלת את היבט האלוהות היוצר והמקיים את כל הדברים – הרטט הקוסמי. ה"אום" של הוודות הפך למילה הקדושה "הום" של הטיבטים; ל"אמין" של המוסלמים; ול"אמן" של המצרים, היוונים, הרומאים, היהודים והנוצרים. הדתות הגדולות בעולם מצהירות כי כל הבריאה מקורה באנרגיה הקוסמית הרוטטת של אום או אמן, המילה או רוח הקודש. "בראשית היה הדבר, והדבר היה עם האלוהים, ואלוהים היה הדבר... הכל נהיה על-ידו [הדבר או אום] ומבלעדיו לא נהיה כל אשר נהיה" (הבשורה על פי יוחנן פרק א: 3-1).

אסטראלי (העולם האסטראלי): העולם העדין של אור ואנרגיה, השוכן מאחורי היקום הפיזי. לכל ישות, חפץ, או רטט במישור הפיזי קיים מקביל אסטראלי, שכן ביקום האסטראלי (גן העדן) מצוייה "תבנית היסוד" של היקום החומרי. ניתן למצוא דיון על העולם האסטראלי

ועל העולם הסיבתי, או הרעיוני, המעודן ממנו אף יותר, בפרק 43 בספרו של פרמאהנסה יוגאננדה "אוטוביוגרפיה של יוגי".

אשראם: הרמיטאז' רוחני; לעיתים קרובות מנזר.

בהגוואן קרישנה (האל קרישנה): אווטאר (ראה ערך) שחי בהודו, מאות רבות לפני העידן הנוצרי. הוראותיו על היוגה (ראה ערך) מובאות ב"בהגווד גיטה". אחת מן הפרשנויות למילה "קרישנה" בכתובים ההינדיים היא "רוח כל־יודעת". לכן קרישנה, כמו ישו, הוא תואר המסמל את נשגבותו הרוחנית של האווטאר - אחדותו עם אלוהים. (ראה ערך "הכרה משיחית".)

בהגווד גיטה: "שירת האל". חלק מהאפוס ההודי העתיק "מהאבהארטה", הכתוב בצורת דיאלוג בין האווטאר (ראה ערך) קרישנה לבין תלמידו ארג'ונה. מסכת נעלה על מדע היוגה, ומדריך נצחי לאושר ולהצלחה בחיי היומיום.

גורו: מורה רוחני. ה"גורו גיטה" (פסוק 17) מגדירה את הגורו כ"מפזר החשכה" (מן המילה גו, "חשכה" ו- רו, "מפזר"). אף כי נעשה שימוש רב במילה "גורו" בשגגה כדי לציין כל מורה או מדריך, גורו אמיתי - המואר על ידי האל - הוא מי שהגיע להכרת אחדותו עם הרוח האלוהית הנוכחת-בכל באמצעות השגת שליטה עצמית. אדם כזה מוכשר באופן ייחודי להוביל אחרים במסעם הרוחני הפנימי.

המילה האנגלית הקרובה ביותר במשמעותה למילה "גורו" היא "מאסטר". מקובל בקרב תלמידיו של פרמאהנסה יוגאננדה להשתמש בתואר זה כאות כבוד כאשר פונים או מתייחסים אליו.

גלגול נשמות: דיון בנושא גלגול נשמות ניתן למצוא בפרק 34 של ה"אוטוביוגרפיה של יוגי" מאת פרמאהנסה יוגאננדה. כפי שמוסבר שם, על פי חוק הקארמה (ראה ערך), מעשי העבר של בני האדם מניעים את הכוחות שמושכים אותם חזרה אל המישור החומרי. דרך רצף של לידות ומיתות הם שבים שוב ושוב אל הארץ כדי לעבור כאן את החוויות שהן פרי אותם מעשי עבר, ולהמשיך בתהליך של התפתחות רוחנית המוביל בסופו של דבר להכרה בשלמות המולדת של הנשמה ובאחדות עם אלוהים.

הכרה משיחית: הכרתו המוקרנת של אלוהים השוכנת בכל הבריאה. בכתבי הקודש הנוצריים היא נקראת "בנו יחידו", ההשתקפות הטהורה היחידה של אלוהים האב בתוך הבריאה; בכתבי הקודש ההינדיים היא נקראת "קוטסטה צ'איטניה", התבונה הקוסמית של הרוח האלוהית הנוכחת בכל הבריאה. זוהי ההכרה האוניברסלית, האחדות עם האל, שהתגלמה בישו, קרישנה ואווטארים אחרים. קדושים גדולים ויוגים יודעים שזהו מצב המדיטציית סמאדהי (ראה ערך) שבו

הכרתם מזוהה עם התבונה השוכנת בכל חלקיק בבריאה; במצב זה הם חווים את היקום כולו כגופם.

הכרה-עצמית: הכרת האדם בזהותו האמיתית כהעצמי, אחד עם ההכרה האוניברסלית של אלוהים. פרמאהנסה יוגאננדה כתב: "הכרה עצמית היא הידיעה – בגוף, במוח ובנשמה – שאנו אחד עם נוכחותו-בכל של אלוהים; שאין אנו צריכים להתפלל שהיא תבוא אלינו, שאיננו רק קרובים אליה בכל עת, אלא שהנוכחות-בכל של אלוהים היא הנוכחות-בכל שלנו; שאנו חלק מאלוהים עתה בדיוק כפי שלעולם נהיה. כל שעלינו לעשות הוא להיטיב את הידיעה הזו."

הכרה קוסמית: המוחלט; הרוח האלוהית שמעבר לבריאה. גם כן מצב מדיטציית הסמאדהי של אחדות עם אלוהים, הן מעבר ובתוך הבריאה הרוטטת.

העין הרוחנית: העין היחידה של האינטואיציה והתפיסה הרוחנית, המצויה במרכז ההכרה המשיחית (קוטסטה) (ראה ערך), בין הגבות; שער הכניסה למצבי תודעה נעלים יותר. במהלך מדיטציה עמוקה, העין היחידה, או העין הרוחנית, מתגלה ככוכב זוהר המוקף בספירה של אור כחול, אשר סביבה הילה קורנת של אור זהוב. בכתובים מתייחסים לעין יודעת-כל זו גם כאל העין השלישית, כוכב המזרח, העין הפנימית, היונה היורדת

מן השמים, עינו של שיווה, ועין האינטואיציה. "נר הגוף הוא העין; ואם עינך אחת – כל גופך יאור." (מתי ו':22)

העצמי: מציין את ה"אטמן", או הנשמה, המהות האלוהית באדם, המובחנת מן ה"אני" הרגיל, כלומר האישיות האנושית או האגו. העצמי הוא הרוח בהתגלמות אישית, שטבעו המהותי הוא תמיד-קיים, תמיד-מודע, אושר עילאי חדש-תמיד.

יוגה: המילה יוגה (מן הסנסקריט yuj, "איחוד") פירושה איחוד הנשמה היחידית עם הרוח האלוהית. היא מתייחסת גם לשיטות שבאמצעותן מושג יעד זה. קיימות שיטות שונות של יוגה. זו הנלמדת על-ידי פרמאהנסה יוגאננדה היא "ראג'ה יוגה", ה"מלכותית" או ה"שלמה", המתמקדת בתרגול שיטות מדעיות של מדיטציה. החכם פטנג'לי, גדול מבארי היוגה הקדמונים, התווה שמונה שלבים מוחלטים שבאמצעותם מגיע הראג'ה יוגי לסמאדהי, או לאחדות עם אלוהים. אלו הם: (1) יאמה – התנהגות מוסרית; (2) ניאמה – מצוות דתיות; (3) אסאנה – תנוחה נכונה לשם השקטת חוסר מנוחת הגוף; (4) פראניאמה – שליטה בפראנה, זרמי החיים העדינים; (5) פראטיהארה – התכנסות; (6) דהארנה – ריכוז; (7) דהיאנה – מדיטציה; ו-(8) סמאדהי – חווית תודעת-על.

מאיה: כוח האשליה הטמון במבנה הבריאה, שבאמצעותו האחד מופיע כרבים. "מאיה" היא עקרון היחסיות, ההיפוך, הניגוד, הדואליות והמצבים המנוגדים - ה"שׂטן" (מילולית, בעברית: "היריב") כפי שהוא מופיע בדברי נביאי התנ"ך. פרמאהנסה יוגאננדה כתב: "המילה הסנסקריטית "מאיה" פירושה "המודד"; זהו כוח הקסם שבבריאה, שדרכו מגבלות והפרדות נראות קיימות למראית עין בתוך הבלתי־ניתן למדידה והבלתי-ניתן להפרדה ... בתוכניתו של האל ובמשחקו ("לילה"), תפקידו הבלעדי של השטן או ה"מאיה" הוא לנסות להסיט את האדם מן הרוח אל החומר, מן המציאות אל האי־מציאות .... מאיה היא מעטה הארעיות שבטבע ... המעטה שעל כל אדם להסירו כדי לראות מאחוריו את הבורא, הקבוע הבלתי-משתנה, המציאות הנצחית."

מרכז ההכרה המשיחית: מרכז הריכוז וכוח הרצון בנקודה שבין הגבות; מושב ההכרה המשיחית והעין הרוחנית (ראה ערך).

סמאדהי: אקסטזה רוחנית; חווית מודעות-על; ובשיאה, אחדות עם האל, המציאות העליונה החובקת-כל.

פרמאהנסה: תואר רוחני המסמל מי שהשיג את המצב הגבוה ביותר של אחדות בלתי מופרת עם האל. רק גורו אמיתי יכול להעניק את התואר לתלמיד ראוי.

סוואמי שרי יוקטשוואר העניק את התואר לפרמאהנסה יוגאננדה בשנת 1935.

קארמה: השפעות מעשי העבר, בחיים אלו או בגלגולים קודמים. חוק הקארמה הוא חוק הפעולה והתגובה, הסיבה והתוצאה, הזריעה והקציר. האדם מעצב את גורלו על פי מחשבותיו ומעשיו. יהיו אשר יהיו האנרגיות שהאדם מפעיל, מחוכמה או מבורות, הן חייבות לשוב אליו בסופו של דבר אל נקודת המוצא שלהן, כמעגל המשלים את עצמו בנחרצות. הקארמה של האדם מלווה אותו מגלגול לגלגול, עד שתישלם או תתעלה ברוחניות. (ראה ערך "גלגול נשמות".)

קריה יוגה: מדע רוחני קדוש, שמקורו בהודו לפני אלפי שנים. צורה של "ראג'ה יוגה" ("מלכותית" או "שלמה"), הכוללת טכניקות מתקדמות של מדיטציה המובילות לחוויה ישירה ואישית של האל. ה"קריה יוגה" מוסברת בפרק 62 ב"אוטוביוגרפיה של יוגי", ונלמדת על ידי תלמידי שיעורי Self-Realization Fellowship, העומדים בדרישות רוחניות מסוימות.

קרישנה: ראה ערך "בהגוואן קרישנה".

שטן: ראה ערך "מאיה".

ספרים בעברית
מאת
פרמאהנסה יוגאננדה

ניתנים לרכישה ב www.srfbooks.org
ובחנויות ספרים מקוונות נוספות

אוטוביוגרפיה של יוגי

חוק ההצלחה

מדיטציות מטאפיזיות

מדע הדת

אמרות מאת פרמאהנסה יוגאננדה

כיצד לדבר עם אלוהים

הקשר בין הגורו לתלמיד

ספרים באנגלית
מאת
פרמאהנסה יוגאננדה

ניתנים לרכישה בחנויות ספרים או הישר מההוצאה ב-
www.SRFbooks.org

Autobiography of a Yogi

The Second Coming of Christ:
The Resurrection of the Christ Within You

God Talks with Arjuna: The Bhagavad Gita
–A New Translation and Commentary

The Collected Talks and Essays
Volume I: Man's Eternal Quest

Volume II: The Divine Romance

Volume III: Journey to Self-Realization

Volume IV: Solving the Mystery of Life

Wine of the Mystic:
*The Rubaiyat of Omar Khayyam
– A Spiritual Interpretation*

Where There Is Light:
Insight and Inspiration for Meeting Life's Challenges

Whispers from Eternity

The Science of Religion

The Yoga of the Bhagavad Gita:
An Introduction to India's Universal Science of God-Realization

The Yoga of Jesus:
Understanding the Hidden Teachings of the Gospels

In the Sanctuary of the Soul:
A Guide to Effective Prayer

Inner Peace:
How to Be Calmly Active and Actively Calm

To Be Victorious in Life

Why God Permits Evil and How to Rise Above It

Living Fearlessly:
Bringing Out Your Inner Soul Strength

How You Can Talk With God

Metaphysical Meditations

Scientific Healing Affirmations

Sayings of Paramahansa Yogananda

Songs of the Soul

The Law of Success

Cosmic Chants

קטלוג שלם של ספרים וקלטות אודיו/וידיאו - כולל קלטות
ארכיון של פרמאהנסה יוגאננדה- זמין
ב www.srfbooks.org

שיעורי
Self-Realization Fellowship

הנחיה והוראה אישית של פרמאהנסה יוגאננדה במדיטצית היוגה ובעקרונות החיים הרוחניים

פרמאהנסה יוגאננדה יצר סדרה זו ללימוד ביתי כדי לאפשר לכל המעוניין ללמוד ולתרגל את מדיטצית היוגה העתיקה המתוארת בספר – כולל מדע הקריה יוגה. ה-Lessons מספקים גם הנחיות מעשיות לחיי רווחה מאוזנים של הגוף, המוח והרוח.

Self-Realization Fellowship Lessons ניתנים תמורת עלות סמלית (כדי לכסות עלויות הדפסה ומשלוח). התלמידים זכאים להדרכה בתרגול ללא עלות מנזירי Self-Realization Fellowship.

למידע נוסף...

כדי לבקש את חבילת המידע המורחבת על השיעורים הניתנת ללא עלות, אנא בקרו באתר www.srflessons.org

Self-Realization Fellowship
3880 San Rafael Avenue • Los Angeles, CA
90065-3219
Tel +1 (323) 225-2471 • Fax +1 (323) 225-5088
www.yogananda.org

כותרות נוספות
בסדרת 'כיצד-לחיות'

פרמאהנסה יוגאננדה

Answered prayers

Focusing the Power of Attention for Success

Harmozining Physical, Mental, and Spiritual methodes of Healing

Healing by God's Unlimited Power

How to Cultivate Divine Love

Remolding Your Life

Where Are Our Departed Loved Ones?

World Crisis

שרי דאיה מאטה

How to Change Others

Overcoming Charecter Liabilities

The Skilled Profession of Chiled-Rearing

האח אננדאמוי
Closing the Generation Gap

Spiritual Marriage

האח בהקטאננדה
Appliying the Power of Positive Thinking

האח פרימאמוי
Bringing Out the Best in Our Relationships
With Others

פורסם גם על ידי *Self-Realization Fellowship* ...

אוטוביוגרפיה של יוגי
מאת פרמאהנסה יוגאננדה

אוטוביוגרפיה עטורת שבחים זו מציגה דיוקן מרתק של אחד מהדמויות הרוחניות הגדולות ביותר של זמננו. בגילוי לב, בהירות ושנינות מרתקים, פרמאהנסה יוגאננדה מספר את הכרוניקה מעוררת ההשראה של חייו - חוויות ילדותו המדהימה, מפגשים עם קדושים וחכמים רבים במהלך נעוריו לאורך חיפושו ברחבי הודו אחר מורה מואר, עשר שנים של הכשרה בהרמיטאז' של מאסטר יוגי נערץ, ושלושים השנים בהם חי ולימד באמריקה. כמו כן, מתועדים כאן מפגשיו עם מהטמה גנדהי, רבינדרנאת טאגור, לותר ברבנק, הסטיגמטית הקתולית תרזה ניומן, ודמויות רוחניות מוכרות נוספות ממזרח וממערב.

אוטוביוגרפיה של יוגי הוא בו זמנית תיאור יפהפייה של חיים יוצאי דופן ומבוא מעמיק למדע העתיק של היוגה ומסורת המדיטציה הוותיקה שלה. המחבר מסביר בבירור את החוקים העדינים אך המוחלטים מאחורי האירועים הרגילים של חיי היומיום והאירועים יוצאי הדופן המכונים לרוב ניסים. סיפור חייו הסוחף הופך כך לרקע להצצה בלתי נשכחת וחודרת למסתוריך האולטימטיבי של הקיום האנושי.

נחשב לקלאסיקה רוחנית מודרנית, הספר תורגם ליותר מחמישים שפות ונמצא בשימוש נרחב כטקסט ועבודת עיון במכללות ובאוניברסיטאות באמריקה. רב מכר רב שנתי מאז פורסם לראשונה לפני יותר משבעים שנה, אוטוביוגרפיה של יוגי מצא את דרכו לתוך ליבם של מיליוני קוראים ברחבי העולם.

"יצירה נדירה."
– הניו יורק טיימס

"מחקר מרתק ומפורש בבירור."
– ניוזוויק

"לא היה דבר לפני, אשר נכתב באנגלית או בכל שפה אירופאית אחרת, כמו המצגת הזו של היוגה.
– דפוס אוניברסיטת קולומביה